AF490440

Formel-Sammlung

NEPLIX

I. Geschäftsprozesse [40%]   [%-Angabe der Gesamtprüfung]

Marketing beschäftigt sich mit all den Tätigkeiten rund um den Markt und der Vermarktung eines bestimmten Objekts.   **Ziel:** -> Langfristige Kundenzufriedenheit

B. Marketing & Absatz

Handelsvertreter   :   **Umsatz * Umsatzprovision**

Handlungsreisender: **Gehalt(Fixum) + Umsatzprovision + Spesen**

C. Beschaffung

Meldebestand   = Tagesverbrauch * Wiederbeschaffungszeit + Mindestbestand

Umschlaghäufigkeit $= \dfrac{\text{Verbrauch}}{\text{Durchschnitt. Lagerbestand}}$

Optimale Bestellmenge $= \sqrt{\dfrac{200 * \text{fixe Bestellkosten} * \text{Jahresbedarf}}{\text{Einstandspreis je St.} * \text{Lagerhaltungskostensatz in \%}}}$
(im Normalfall tabellarisch zu berechnen)

D. Bevorratung / Lager

Durchschn. Lagerbestand $= \dfrac{\text{Anfangsbestand} + 12\ \text{Monatsendbestände}}{13}$

Durchschn. Lagerdauer $= \dfrac{360}{\text{Umschlagshäufigkeit}}$

Lagerumschlagshäufigkeit $= \dfrac{\text{Lagerabgang}}{\text{durchschn. Lagerumschlagshäufigkeit}}$

Kapitalumschlagshäufigkeit $= \dfrac{\text{Umsatzerlöse}}{\text{durchschnittliches Gesamtkapital}}$

Lagerzinsen $= \dfrac{\text{durchschn. Lagerbestand} * \text{Lagerzinssatz}}{100}$

Lagerzinssatz $= \dfrac{\text{Aktueller Zinssatz}}{\text{Lagerumschlag}}$

Servicegrad $= \dfrac{\text{Anzahl der bedienten Lageranforderungen} * 100}{\text{Gesamt der Lageranforderungen}}$

Lagerkostensatz $= \dfrac{\text{Lagerkosten} * 100}{\text{durchschn. Lagerwert}}$

Quote der Fehllieferungen $= \dfrac{\text{mangelhafte Auslieferung} * 100}{\text{Auslieferungsanforderungen}}$

Marktanteil $= \dfrac{\text{Absatzvolumen} * 100}{\text{Marktvolumen}}$

Wiederkäuferrate
$$= \frac{\text{Gegenstand wiederholt gekauft} * 100}{\text{Gegenstand gekauft (Anzahl)}}$$

Wiederkäuferrate
$$= \frac{\text{Gegenstand wiederholt gekauft} * 100}{\text{Gegenstand gekauft (Anzahl)}}$$

Werbegewinn/-verlust:

Webekampagne zurückzuführender
Ertrag (100.000 * 0,05 €) 5.000,00 €

- Werbeaufwand	2.100,00 €
= Werbegewinn	2.900,00 €

Erfüllungserfolg
$$= \frac{\text{Zahl der Werbeerfüller}}{\text{Zahl der Werbegemeinten}}$$

E. Personal /Organisation

Listeneinkaufspreis:

Materialeinzelkosten	(100%)
+ Materialgemeinkosten	(5%)
= Materialkosten	(105%)
+ Fertigungslöhne	(100%)
+ Fertigungsgemeinkosten	(150%)
= Fertigungskosten	(250%)
= Herstellkosten	(100%)
+ Verwaltungs- /Vertriebsgk.	(15%)
= Selbstkosten	(100%/115%)
+ Gewinn	(7,5%)
= Barverkaufspreis	(107,5%/98%)
+ Kundenskonto	(2%)
= Zielverkaufspreis	(90%/100%)
+ Kundenrabatt	(10%)
= Listenverkaufspreis	**(100%)**

Bezugspreis:

Listeneinkaufspreis	208,00 €
- 20 % Lieferrabatt	41,60 €
= Zieleinkaufspreis	166,40 €
- 3 % Lieferskonto	4,99 €
= Bareinkaufspreis	161,41 €
+ Fracht	12,00 €
= Bezugspreis	**173,41 € (pro Schreibtisch)**

Personalbedarf, netto

künftiger Personalbestand lt. Plan   (Soll-Personalbestand)
- aktueller Personalbestand   (Ist-Personalbestand)
= Personalbedarf, brutto
+ ersetzende Abgänge   (z.B.: Kündigung AN, Mutterschutz)
- feste Zugänge   (z.B.: Übernahme Azubi, Rückkehr Mutterschutz)
= Personalbedarf, netto

Personalbedarf eines Arbeitsprozesse
$$= \frac{\text{ØArbeitsmenge} * \text{ØBearbeitungszeit/Stück}}{\text{ØArbeitsstunden}} \quad *\text{Verteilzeitfaktor}$$

Auftragszeit (T)
$$= \text{Rüstzeit}(t_r) + \text{Ausführungszeit}(t_a)$$

Berechnung der Auftragszeit:

Rüstgrundzeit	20,00 Minuten	
+ Rüstverteilzeit 10 %	2,00 Minuten	
= Rüstzeit		22,00 Minuten
Tätigkeitszeit	3,75 Minuten	
+ Wartezeit	1,25 Minuten	
Ausführungsgrundzeit	5,00 Minuten	
+ Ausführungsverteilzeit 10 %	0,50 Minuten	
= Stückzeit	5,50 Minuten	
Ausführungszeit (Stückzeit * Menge)	55,00 Minuten	
= Auftragszeit	**77,00 Minuten**	

Lohnsumme = geleistete Arbeitsstunden * Stundenlohnsatz

Akkordrichtsatz = Grundlohn + Akkordzuschlag

Stückgeld $= \dfrac{\text{Akkordrichtsatz}}{\text{Normalleistung/Std.}}$

Bruttolohn = Stückgeld(Stückakkordsatz) * Stückzahl(Ist-Leistung)

Oder: = Stückzahl * Vorgabezeit * Minutenfaktor

Vorgabezeit $= \dfrac{60\ \text{Minuten}}{\text{Normalleistung/Std.}}$

Minutenfaktor $= \dfrac{\text{Akkordrichtsatz/Std.}}{60}$

Gesamtvergütung:
tariflicher Arbeitslohn
+ freiwillige betriebliche Sozialleistungen
+ Erfolgsanteil
= Gesamtvergütung

G. Leistungserstellung

Produktivität $= \dfrac{\text{Ausbringungsmenge}}{\text{Einsatzmenge}}$

Arbeitsproduktivität $= \dfrac{\text{Ausbringungsmenge}}{\text{geleistete Arbeitsstunden}}$

Kapitalproduktivität $= \dfrac{\text{Ausbringungsmenge}}{\text{Sachkapital}}$

Materialproduktivität $= \dfrac{\text{Ausbringungsmenge}}{\text{Materialeinsatz}}$

H. Prozessunterstützung

Beschäftigungsgrad in % $= \dfrac{\text{Ausbringungsmenge}}{\text{Kapazität}} * 100$

Nutzkosten $= \dfrac{\text{Fixkosten * Kapazitätsauslastung}}{100}$

Proportionale Kosten je Produktionseinheit $= \dfrac{\text{Proportionale Kosten}}{\text{Produktionseinheiten}}$

I. Kennzahlen

Gesamtvermögen   = Anlagevermögen + Umlaufvermögen

Gesamtkapital   = Eigenkapital + Fremdkapital

Wirtschaftlichkeit $= \dfrac{\text{Ertrag}}{\text{Aufwand}}$

Zinsen $= \dfrac{\text{Kapital(k)} * \text{Zinstage(p)} * \text{Tage(t)}}{100 * 360}$ $\left(\begin{array}{l} \text{Monat} = \ 30 \text{ Tage} \\ \text{Jahr} \ = 360 \text{ Tage} \end{array} \right)$

effektiver Jahreszins $= \dfrac{(\text{Nominalzinsen} + \text{Disagio} / \text{Laufzeit}) * 100}{\text{Auszahlungsbetrag}}$

Beschäftigungsgrad $= \dfrac{\text{Produktionsmenge} * 100}{\text{Kapazität}}$

Gewinnschwelle   = Absatz x Preis – Absatz x variable Kosten – Fixkosten

Termingetreue Aufträge $= \dfrac{\text{Ausbringungsmenge}}{\text{Materialeinsatz}}$

Kennzahlen Preispolitik:
Kurzfristige Preisuntergrenze=   Stückerlös(e) = variable Kosten je Einheit (k_v)

Langfristige Preisuntergrenze= $\dfrac{\text{Gesamtfixkosten } (K_{fix})}{\text{erzeugte Menge}}$ $+ K_v$

Produktdeckungsbeitragssatz= $\dfrac{\text{Deckungsbeitrag (DB)} * 100}{\text{Umsatz des Produkts}}$

Kennzahlen Produktpolitik:
Auftragseingangsquote $= \dfrac{\text{Auftragseingang Ist} * 100}{\text{Auftragseingang Plan}}$

Auftragsreichweite $= \dfrac{\text{Auftragsbestand} * 100}{\text{Jahresumsatz}}$

Kennzahlen Kommunikationspolitik:
Webeaufwandsatz vom Ums.= $\dfrac{\text{Werbeaufwand je Periode} * 100}{\text{Umsatz je Periode}}$

Markterschließungsgrad $= \dfrac{\text{Umsatz} * 100}{\text{potenzieller Umsatz}}$

Neukundenanteil $= \dfrac{\text{Neukunden} * 100}{\text{Gesamtkunden}}$

Umsatz je Außendienstmita. $= \dfrac{\text{Umsatz}}{\text{Anzahl der Außendienstmitarbeiter}}$

Angebotsgrad $= \dfrac{\text{Anzahl der ausgeführten Aufträge} * 100}{\text{Anzahl abgegebener Angebote}}$

Kennzahlen Distributionspolitik:
Vertriebskostenquote $= \dfrac{\text{Vertriebskosten} * 100}{\text{Umsatz}}$

Aufwand Außendienst   = $\dfrac{\text{Aufwand Außendienst} * 100}{\text{Umsatz}}$

Umsatz je Außendienstmita. = $\dfrac{\text{Umsatz}}{\text{Anzahl der Außendienstmita.}}$

Umsatzmarktanteil   = $\dfrac{\text{Umsatz des Unternehmens} * 100}{\text{Branchenumsatz}}$

E-Commerceanteil   = $\dfrac{\text{Umsatz E-Commerce} * 100}{\text{Umsatz}}$

<u>Kennzahlen Distributionspolitik:</u>
Kosten (K)   = $K_{fix} + K_v * x$

Kalkulatorische Abschreibung = $\dfrac{\text{Anschaffungskosten} * \text{Restwert}}{\text{Nutzungsdauer}}$

Kalkulatorische Zinsen   = $\dfrac{\text{Anschaffungskosten} + \text{Restwert}}{2} \quad * \quad \dfrac{\text{Zinssatz}}{100}$

Amortisationszeit   = $\dfrac{\text{Anschaffungsauszahlung} - \text{Liquiditätserlös}}{\text{jährlicher Gewinn} + \text{jährliche Abschreibung}}$

<u>Allgemein gilt:</u>
Kapitalbedarf für die Rohstoffe = täglicher Rohstoffverbrauch * (Lagerdauer der R. + Produktionsdauer + Lagerdauer Erz. + Kundenziel)

Kapitalbedarf f. Materialgmk. = tägliche Aufwendungen * (Lagerdauer der R. + Produktionsdauer + Lagerdauer Erz. + Kundenziel)

Kapitalbedarf f. Fertigungsl. = tägliche Fertigungslöhne * (Produktionsdauer + Lagerdauer Erz. + Kundenziel)

Kapitalbedarf f. Fertigungsgmk = tägliche Aufwendungen * (Produktionsdauer + Lagerdauer Erz. + Kundenziel)

Kapitalbedarf Verw- /Vertrgmk. = tägliche Aufwendungen * (Lagerdauer der R. + Produktionsdauer + Lagerdauer Erz. + Kundenziel)

GESCHÄFTSPROZESSE / BWL - ENDE

II. Kaufmännische Steuerung & Kontrolle [20%]

A. Personal / Personalbuchführung

Nettogehalt	=	Bruttogehalt	2485,00 €
		- Lohnsteuer	338,16 €
		- Solidaritätszuschlag	18,60 €
		- Kirchensteuer	30,43 €
		- Krankenversicherung (7,3 % Arbeitnehmeranteil)	181,41 €
		- Rentenversicherung (9,3 % Arbeitnehmeranteil)	231,11 €
		- Arbeitslosenversicherung (1,5 % Arbeitnehmeranteil)	37,28 €
		- Pflegeversicherung (1,275 % Arbeitnehmeranteil)	31,68 €
		- Pflegeversicherung Kinderlose (0,25 %)	6,21 €
		= Nettogehalt	**1610,12 €**

B. Buchungssätze (keine Formeln)

C. Abschreibung / Abgrenzung (keine Formeln)

D. Bewertung / Inventur (keine Formeln)

E. Kosten- und Leistungsrechnung

Materialgemeinkosten = $\dfrac{\text{Materialgemeinkosten} * 100}{\text{Materialeinzelkosten}}$

Fertigungsgemeinkosten = $\dfrac{\text{Fertigungsgemeinkosten} * 100}{\text{Fertigungslöhne}}$

F. Kaufmännisches Rechnen / Verteilungsrechnen

Zinsen = $\dfrac{\text{Kapital} * \text{Zinssatz} * \text{Tage}}{100 * 360}$

Kapital = $\dfrac{\text{Zinsen} * 100 * 360}{\text{Zinssatz} * \text{Tage}}$

G. Kalkulation

Zielverkaufspreis	=	Materialeinzelkosten:	57,85 €
		+ Materialgemeinkosten (7 %)	4,05 €
		Materialkosten	61,90 €
		+ Fertigungslohn	112,00 €
		+ Fertigungsgemeinkosten (65 %)	72,80 €
		Herstellungskosten	246,70 €
		+ Verwaltungsgemeinkosten (6 %)	14,80 €
		+ Vertriebsgemeinkosten (10 %)	24,67 €
		Selbstkostenpreis	286,17 €
		+ Gewinn (15 %)	42,93 €
		Barverkaufspreis	329,10 €
		+ Skonto (2 %)	6,72 €
		= Zielverkaufspreis	**335,82 €**

Bezugspreis	=	Listeneinkaufspreis	20400,00 €
		- 8 % Mengenrabatt	1632,00 €
		Zieleinkaufspreis	18768,00 €
		- 2 % Liefererskonto	375,36 €
		Bareinkaufspreis	18392,64 €
		+ Bezugskosten LKW	650,00 €
		= Bezugspreis für 24 Tonnen	**19042,64 €**

H. Jahresabschluss / Beurteilung

Eigenkapitalrentabilität $= \dfrac{\text{Gewinn} * 100}{\text{Eigenkapital}}$

Umsatzrentabilität $= \dfrac{\text{Gewinn} * 100}{\text{Umsatz}}$

Liquidität 1. Grades $= \dfrac{\text{Liquide Mittel} * 100}{\text{Kurzfristiges Fremdkapital}}$

Liquidität 2. Grades $= \dfrac{(\text{Liquide Mittel} + \text{Forderungen}) * 100}{\text{Kurzfristiges Fremdkapital}}$

Liquidität 3. Grades $= \dfrac{(\text{Liquide Mittel} + \text{Forderungen}) * 100}{\text{Kurzfristiges Fremdkapital}}$

Verschuldungsgrad $= \dfrac{\text{Fremdkapital} * 100}{\text{Eigenkapital}}$

Cashflow $=$ Gewinn + Abschreibungen + Rückstellungen, langfristig

Gesamtkapitalrentabilität $= \dfrac{(\text{Gewinn} + \text{Zinsen Fremdkapital}) * 100}{\text{Gesamtkapital}}$

Gesamtkapitalrentabilität
(Rentabilitätsvergleichsr.) $= \dfrac{(\text{Gewinn} + \text{kalkulatorische Zinsen}^2) * 100}{\text{durchschnittlicher Kapitaleinsatz}}$

durchschnittlicher
Kapitaleinsatz $= \dfrac{\text{Anschaffungskosten} + \text{Restwert}}{2}$

Umsatzrendite $= \dfrac{\text{Gewinn}}{\text{Umsatz}}$

Anlagenintensität $= \dfrac{\text{Gesamtes Anlagevermögen} * 100}{\text{Gesamtvermögen}}$

Eigenkapitalquote $= \dfrac{\text{Eigenkapital} * 100}{\text{Gesamtkapital}}$

Konstitution $= \dfrac{\text{Gesamtes Anlagevermögen} * 100}{\text{Gesamtes Umlaufvermögen}}$

Seite 73

III. Wirtschafts- und Sozialkunde (WiSo) [10%]

A. Gemischte WiSo-Fragen (keine Formeln)

B. Gemischte WiSo-Fragen II (keine Formeln)

C. Betriebsrat / Mitbestimmung (keine Formeln)

D. Berufsausbildung (keine Formeln)

E. Berufliche Bildung (keine Formeln)

F. Unternehmensformen (keine Formeln)

G. Vertragsrecht / Geschäftsfähigkeit (keine Formeln)

H. Sozialversicherung (keine Formeln)

I. Der Staat und seine Institutionen / Wirtschaftspolitik (keine Formeln)

J. Grundlagen Betriebswirtschaft und Volkswirtschaft (keine Formeln)

K. Steuern (keine Formeln)

WIRTSCHAFTS & SOZIALKUNDE - ENDE

INCOTERMS - VERTRAGSFORMELN

Die 11 Klauseln im Überblick

EXW Ex Works / Ab Werk ... benannter Lieferort
FCA Free Carrier / Frei Frachtführer ... benannter Lieferort
FAS Free alongside Ship / Frei Längsseite Schiff ... benannter Verschiffungshafen
FOB Free on Board / Frei an Bord ... benannter Verschiffungshafen
CPT Carriage paid to / Frachtfrei ... benannter Bestimmungsort
CIP Carriage, Insurance paid to / Frachtfrei versichert ... benannter Bestimmungsort
CFR Cost and Freight / Kosten und Fracht ... benannter Bestimmungshafen
CIF Cost, Insurance and Freight/ Kosten, Versicherung und Fracht-benannter Bestimmungshafen
DAT Delivered at Terminal / Geliefert Terminal ... benannter Terminal
DAP Delivered at Place / Geliefert benannter Ort ... benannter Bestimmungsort
DDP Delivered Duty paid / Geliefert verzollt ... benannter Bestimmungsort

<u>Ab Werk</u> = die Ware wird direkt von der Herstellerfabrik gesendet, der Käufer trägt die Versandkosten

<u>Frei Haus</u> = die Ware wird bis vor die Haustür geliefert, der Verkäufer trägt die Versandkosten

<u>Frachtfrei</u> = die Ware wird bis vor die Haustür geliefert, der Verkäufer trägt die Versandkosten

Zusammensetzung der Abschlussprüfungsnote

Gewichtung der Teilbereiche in der Abschlussprüfung

Nr.	Bereich	Dauer	Gewichtung
1	Geschäftsprozesse	180 Minuten	40 %
2	Kaufmännische Steuerung und Kontrolle	90 Minuten	20 %
3	Wirtschafts- und Sozialkunde	60 Minuten	10 %
4	Einsatzgebiet („mündliche Prüfung")	30 Minuten	30 %
SUMME			**100 %**

Notenschlüssel

Prozent von...	...bis	Note
100	92	1 – sehr gut
91	81	2 – gut
80	67	3 – befriedigend
66	50	4 – ausreichend
49	30	5 – mangelhaft
29	0	6 – ungenügend

Ergebnisse in den Teilbereichen und werden addiert! Bsp.: 76,3 % - befriedigend

Ende der Formel-Sammlung

NEPLIX

NEPLIX

NEPLIX